Hello!
This book has taken me a few months to create, I find myself drawing them in between ideas, or when I am stressed, it really helps me relax.

Many thanks goes to Michelle & Lynette for always pushing me (in a good way lol), supporting me and being my friend. I couldn't do it without you ladies, Much Love to you both.

Please do not sell, redistribute, edit, publish, share or give away any of the images from this book. These are intended only for the purchaser.

Personal usage only. Cannot be used for commercial purposes or by anyone other than the purchaser.

You are encouraged to share your colored results on social media. I can be found here :

 : Digital Creations by Shawn

  : DigiCreationsbyShawn

And Please be sure to leave reviews on Amazon & Etsy :)

© DCSB 2019

© DCSB 2019

© DCSB 2019

© DCSB 2019

© DCSB 2019

© DCSB 2019

© DCSB 2019

© DCSB 2019

© DCSB 2019

© DCSB 2019

© DCSB 2019

© DCSB 2019

© DCSB 2019

© DCSB 2019

© DCSB 2019

© DCSB 2019

© DCSB 2019

© DCSB 2019

© DCSB 2019

© DCSB 2019

© DCSB 2019

© DCSB 2019

© DCSB 2019

© DCSB 2019

© DCSB 2019

© DCSB 2019

© DCSB 2019

© DCSB 2019

© DCSB 2019

© DCSB 2019

© DCSB 2019

© DCSB 2019

© DCSB 2019

© DCSB 2019

© DCSB 2019

© DCSB 2019

© DCSB 2019

© DCSB 2019

© DCSB 2019

© DCSB 2019

© DCSB 2019

© DCSB 2019

© DCSB 2019

© DCSB 2019

© DCSB 2019

© DCSB 2019

© DCSB 2019

© DCSB 2019

© DCSB 2019

© DCSB 2019

© DCSB 2019

© DCSB 2019

© DCSB 2019

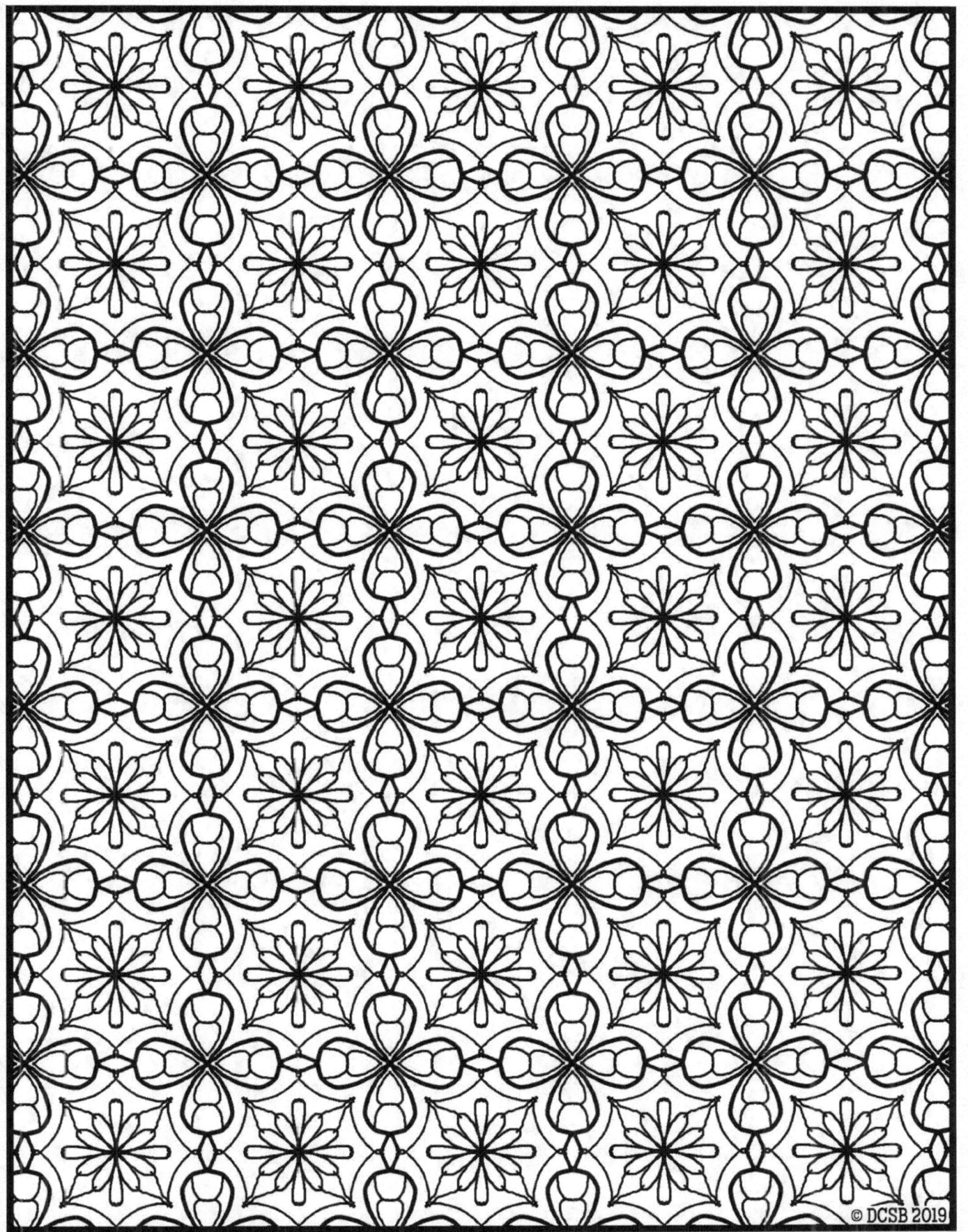

© DCSB 2019

© DCSB 2019

© DCSB 2019

© DCSB 2019

© DCSB 2019

© DCSB 2019

© DCSB 2019

© DCSB 2019

© DCSB 2019

© DCSB 2019

© DCSB 2019

© DCSB 2019

© DCSB 2019

© DCSB 2019